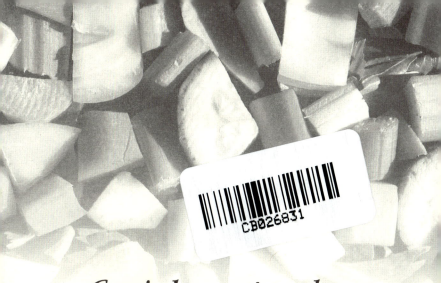

Cozinha natural
no dia a dia

OBRA ATUALIZADA CONFORME
O **NOVO ACORDO ORTOGRÁFICO**
DA LÍNGUA PORTUGUESA.

Dados Internacionais de Catalogação na Publicação (CIP)
(Câmara Brasileira do Livro, SP, Brasil)

Maria do Céu
    Cozinha natural no dia a dia / Maria do Céu. – 6ª edição –
São Paulo : Editora Senac São Paulo, 2013.

    ISBN 978-85-396-0364-0

    1. Culinária (alimentos naturais) 3. Culinária vegetariana
3. Vegetarianismo I. Título.

95-4022   CDD-641.5636

Índice para catálogo sistemático:
1. Receitas vegetarianas : economia doméstica   641.56361.

MARIA DO CÉU

*Cozinha natural
no dia a dia*

6ª edição

Editora Senac São Paulo – São Paulo – 2013

ADMINISTRAÇÃO REGIONAL DO SENAC NO ESTADO DE SÃO PAULO
Presidente do Conselho Regional: Abram Szajman
Diretor do Departamento Regional: Luiz Francisco de A. Salgado
Superintendente Universitário e de Desenvolvimento: Luiz Carlos Dourado

EDITORA SENAC SÃO PAULO

Conselho Editorial: Luiz Francisco de A. Salgado
Luiz Carlos Dourado
Darcio Sayad Maia
Lucila Mara Sbrana Sciotti
Luís Américo Tousi Botelho

Gerente/Publisher: Luís Américo Tousi Botelho
Coordenação Editorial: Ricardo Diana
Prospecção: Dolores Crisci Manzano
Comercial: Aldair Novais Pereira
Administrativo: Verônica Pirani de Oliveira

Preparação de Texto: Leia Fontes Guimarães
Revisão de Texto: Ivone P. B. Groenitz, Luiza Elena Luchini
Projeto Gráfico, Editoração Eletrônica e Capa: Antonio Carlos De Angelis
Foto da Capa: Dirk De Kegel
Impressão e Acabamento: Gráfica Impress

Proibida a reprodução sem autorização expressa.
Todos os direitos desta edição reservados à
Editora Senac São Paulo
Av. Engenheiro Eusébio Stevaux, 823 – Prédio Editora
Jurubatuba – CEP 04696-000 – São Paulo – SP
Tel. (11) 2187-4450
editora@sp.senac.br
https://www.editorasenacsp.com.br

© Maria do Céu, 1995

Sumário

Nota do editor, 7

Agradecimentos, 9

Apresentação, 11

Princípios básicos para uma boa alimentação, 13

Princípios básicos para o bom aproveitamento dos alimentos, 15

Arroz, 17

Refogados, 23

Pratos gratinados, 33

Ensopados, 43

Massas integrais, 51

Saladas, 59

Sopas, 65

Pães e bolos, 73

Sanduíches naturais, 85

Cremes, 91

Tortas integrais salgadas, 97

Tortas integrais doces, 105

Molhos para massas, 111

Molhos para saladas, 119

Doces naturais, 127

Sucos naturais, 137

Sugestões de cardápio, 143

Índice de receitas, 157

Nota do editor

Na correria do dia a dia, muitas vezes nos alimentamos de maneira incorreta, prejudicando nossa saúde e consequentemente diminuindo nossa qualidade de vida. A alimentação natural, além de saborosa, proporciona benefícios ao nosso organismo.

Receitas fáceis de preparar, sem custo elevado e muito saudáveis, como refogados, ensopados, pratos gratinados, pães e bolos, etc., que utilizam cereais integrais, vegetais, frutas, etc., é o que encontramos em *Cozinha natural no dia a dia*, em sua 6ª edição, livro em que a autora, Maria do Céu, põe em prática toda sua experiência com a culinária naturalista.

O Senac São Paulo contribui com mais esta publicação na área de gastronomia.

Agradecimentos

Escrever este livro era um sonho, e muitas pessoas cooperaram de verdade para torná-lo realidade.

Agradeço sinceramente a Laiz, Marizilda e Benjamin, pelo incentivo à publicação da primeira edição do livro. Agradeço também a Alfredo, Zélia, Daniela, Teca, amigos e protetores; a Jhúlia, Pedro e Rafael, meus filhos; e a toda a equipe da minha casa.

Apresentação

Falar sobre comida é falar sobre sentimento. Sentir o sabor, o cheiro, a textura dos alimentos; experimentar a linguagem das cores, o mundo das formas e, principalmente, sentir no mais profundo do nosso ser a generosidade do elemento terra. São inúmeros os sentimentos que uma boa refeição pode despertar, e sua simbologia é muito forte, pois reúne as pessoas e congrega a família e os amigos.

Um dos propósitos deste livro é estimular a sensibilidade das pessoas para o ato de comer. Por isso a importância de considerar as sensações que a alimentação provoca para, a partir daí, falar de culinária propriamente.

Vivemos num mundo muito acelerado, cheio de afazeres, de horários e muitas preocupações. É claro que, no meio de tanta correria, muita coisa acaba se perdendo porque não temos tempo, e nosso pouco tempo é muito precioso. Como podemos alimentar-nos bem desse jeito? Aí chegamos ao ponto principal: falta qualidade de vida às pessoas.

Apesar de muitos já se preocuparem bastante com lugares mais limpos e tranquilos para morar, frequentarem religiosamente academias de ginástica para cuidar do corpo e estarem, sob vários aspectos, desenvolvendo sua espiritualidade, o número daqueles que efetivamente se preocupam com a qualidade da alimentação que ingerem ainda é proporcionalmente pequeno. Essa, que de fato deveria ser a preocupação fundamental e anterior do ser humano, na prática não o é.

Nosso organismo é uma máquina que, quando bem nutrida, pode funcionar com muito mais perfeição, e é claro que com isso teremos mais saúde e poderemos pensar melhor, render mais em nosso trabalho, nos sentir melhor e nos dedicar mais às pessoas que convivem conosco.

Portanto, sugiro como alimentação ideal aquela de onde possamos extrair o maior valor nutritivo dos alimentos. Ingerindo produtos naturais, como cereais integrais, vegetais, frutas, leite, ovos e, se possível, pouca carne, conseguiremos mais qualidade de vida.

Após vinte e cinco anos dedicados à alimentação natural, pude comprovar que esta é uma culinária saudável, saborosa, barata e fácil de fazer. E é essa experiência que quero transmitir a vocês.

Mas não há necessidade de assumir uma postura radical, ao optar pelo naturalismo. Basta que se tenha vontade de começar a mudar de vida. E para melhor!

Princípios básicos para uma boa alimentação

- Fazer da refeição um momento de relaxamento.
- Ter higiene com os alimentos, com os utensílios, com as mãos e com a cozinha.
- Conservar o ambiente calmo e manter-se tranquilo.
- Procurar fazer as refeições ouvindo uma música relaxante.
- Mastigar muito bem e sem pressa.
- Ingerir, sempre que puder, alimentos de que realmente gosta.
- Sempre incluir grãos, vegetais, frutas e produtos integrais no cardápio do dia a dia.
- Comer arroz integral com a maior frequência possível.
- Manter, na medida do possível, horários estabelecidos para as refeições.
- À noite, fazer uma refeição leve, pelo menos três horas antes de dormir.
- Se não puder fazer uma refeição completa, substituí-la por um sanduíche natural.
- Água, chá, suco ou qualquer outro líquido deve ser ingerido sempre após as refeições, nunca durante.
- Procurar saber ou poder escolher quem vai cozinhar a sua refeição, pois a energia das mãos fica registrada na química da comida.
- E, finalmente, sentir-se agradecido por toda a contribuição da natureza naquele momento.

Princípios básicos para o bom aproveitamento dos alimentos

- Manter sempre limpos o espaço da cozinha, seus utensílios, latas de lixo, eletrodomésticos e roupas.
- Embalar muito bem os alimentos a serem guardados.
- Ter muito cuidado no reaproveitamento de vidros. Lavá-los e secá-los muito bem.
- Aproveitar somente alimentos frescos, pois estes têm mais energia para trocar com seu organismo.
- Desligar o fogo toda vez que retirar o alimento da frigideira, a fim de evitar que o óleo queime.
- Usar papel absorvente para secar as frituras.
- Deixar os grãos de molho na véspera e não usar sal durante seu cozimento, para que fiquem macios.
- Preparar os alimentos sempre em fogo baixo, pois, quanto mais lento e brando for o processo de cozimento, mais saborosa e nutritiva será a comida.
- Usar colheres de madeira para cozinhar. Elas não arranham as panelas nem arrancam delas as substâncias nocivas à sua saúde.
- Respeitar a linha de crescimento dos alimentos, quando for cortá-los, para ter maior aproveitamento de seus valores nutritivos.
- Observar a melhor maneira de descascar os alimentos. A cenoura, por exemplo, não precisa ser descascada, mas, sim, raspada.

- Os alimentos integrais, como, por exemplo, a farinha de trigo integral ou o açúcar mascavo, engordam menos, mas têm calorias.
- O macarrão integral estará bom para ser usado depois de 10 minutos de fervura.
- Para o melhor aproveitamento das ervas, usá-las sempre no final da receita.
- Não utilizar temperos em excesso para não comprometer o sabor do prato nem sua saúde.
- Lavar muito bem as verduras, os legumes e as frutas. De preferência em água corrente ou deixando de molho em água com um pouco de vinagre.
- A pele dos tomates é de difícil digestão e suas sementes contêm muita acidez, portanto, é conveniente escaldá-los em água fervente para tirar a pele e as sementes antes de usá-los.
- O pimentão também possui uma pele dura e de difícil digestão. Evitar ingeri-lo cru ou com pele.
- Não desprezar certas partes dos alimentos, como os talos do agrião, as ramas da salsa, as folhas da couve-flor, etc. Usando a criatividade, você fará pratos deliciosos e econômicos com eles.
- Depois de desligado o fogo, esperar no mínimo três minutos para servir o prato. Nesse tempo o processo de cozimento se completa e o sabor dos alimentos com certeza será melhor. Experimente.

arroz

Arroz integral "Penso, logo existo"

INGREDIENTES

- 4 xícaras (chá) de arroz integral
- 1 cebola pequena picada
- 1 colher (sopa) de óleo
- 1 colher (chá) de sal
- 1 colher (café) de orégano
- Água até dois dedos abaixo da superfície da panela, sempre levando em conta que o tamanho da panela deverá ser escolhido de acordo com a quantidade de arroz.

MODO DE PREPARO

Lavar bem o arroz integral. Refogar a cebola no óleo e adicionar o arroz, refogando por mais ou menos 10 minutos, mexendo sempre. Adicionar o sal, o orégano e, em seguida, a água. Deixar ferver em fogo alto, até secar quase toda a água. Abaixar o fogo e deixar o arroz secar totalmente.

Arroz integral "Indira"

INGREDIENTES

- 5 xícaras (chá) de arroz integral cozido (ver receita "Penso, logo existo")
- 1 colher (sopa) de azeite de oliva
- 1 cebola pequena
- 1 colher (sopa) de óleo
- 2 colheres (sopa) rasas de *curry*
- 1 xícara (chá) de salsa picada
- 1 xícara (chá) de cebolinha verde
- ½ xícara (chá) de nozes picadas
- ½ xícara (chá) de ameixas-pretas picadas (um pouco amolecidas)
- 1 colher (café) rasa de cominho em pó
- 2 xícaras (chá) de milho verde cozido
- 1 colher (chá) de sal

MODO DE PREPARO

Reservar o arroz integral cozido. Numa panela de fundo largo, refogar a cebola no azeite misturado ao óleo e, em seguida, adicionar todos os outros ingredientes. Deixar refogar em fogo baixo, mexendo devagar por mais ou menos 5 minutos. Em seguida juntar o arroz com o refogado, mexendo lentamente e misturando tudo muito bem. Servir quente.

Arroz integral "Arco-íris"

INGREDIENTES

- 6 xícaras (chá) de arroz integral cozido
- 2 beterrabas grandes cozidas e bem picadas
- 2 xícaras (chá) de salsa bem picada
- 2 xícaras (chá) de cenouras cozidas e bem picadas
- 2 colheres (sopa) de cebola picada
- 2 colheres (sopa) de queijo parmesão ralado

MODO DE PREPARO

Reservar o arroz integral cozido e um pouco de beterraba, salsa e cenoura (sem picar) para decorar o prato no final. Refogar a salsa com a cebola e reservar também. Começar então a montar o prato em camadas, dividindo o arroz integral em quatro partes. Fazer camadas de arroz, beterraba, arroz novamente, salsa, arroz e cenoura. Por fim, cobrir com uma última camada de arroz e enfeitar com círculos formados com a beterraba, a salsa e a cenoura. Polvilhar com o queijo parmesão.

Bolinhos de arroz integral "Desafinado"

INGREDIENTES

4 xícaras (chá) de arroz integral cozido
1 cebola pequena picada
1 xícara (chá) de salsa picada
½ xícara (chá) de coentro picado
1 colher (chá) de orégano
1 colher (chá) de sal
1 ovo inteiro batido
4 colheres (sopa) de leite
4 colheres (sopa) de farinha de trigo integral

MODO DE PREPARO

Juntar todos os ingredientes, amassando e misturando tudo muito bem. Em seguida formar os bolinhos com o auxílio de duas colheres e fritar em óleo quente. Colocar os bolinhos já fritos sobre guardanapo absorvente para retirar o excesso de óleo da fritura.

refogados

Chuchu com açafrão "Mortícia"

INGREDIENTES
- 3 chuchus descascados e picados
- 1 colher (sopa) de azeite de oliva
- 1 cebola pequena picada
- 1 colher (chá) de orégano
- 1 colher (chá) de sal
- 1 colher (sopa) de açafrão
- ½ colher (sopa) de salsa picada

MODO DE PREPARO

Refogar no azeite a cebola com o orégano, em seguida acrescentar o chuchu, o sal e o açafrão. Manter a panela tampada em fogo baixo. Deixar refogar por mais ou menos 15 minutos, mexendo de vez em quando. Desligar o fogo, adicionar a salsa e manter a panela tampada. Servir em 3 minutos.

Quiabos acebolados "Meu bem, meu mal"

INGREDIENTES

1 kg de quiabos bem lavados, com os cabos cortados
6 colheres (sopa) de óleo
sal a gosto
2 cebolas grandes em rodelas
1 kg de tomates sem pele e sem sementes picados
2 colheres (sobremesa) de uvas-passas
1 xícara (chá) de folhas de salsa
1 colher (sopa) de suco de limão

MODO DE PREPARO

Escorrer bem os quiabos e refogá-los em 3 colheres de óleo, um pouco de sal e o suco de limão. Cozinhar em fogo baixo por mais ou menos 15 minutos, mexendo de vez em quando. Separadamente, refogar as cebolas com o sal nas 3 colheres de óleo restantes, acrescentando, em seguida, os tomates, as uvas-passas e as folhas de salsa. Fazer um refogado muito rápido, pois os tomates já devem estar escaldados. Dispor os quiabos numa travessa e cobri-los com o refogado de tomate com cebola. Servir quente.

Guisado de inhame "Mãe África"

INGREDIENTES

- 5 inhames médios
- 1 colher (sopa) de azeite de oliva
- 1 cebola média picada
- 2 dentes de alho fatiados
- 1 colher (chá) de orégano
- 1 colher (chá) de sal
- 1 colher (chá) de açafrão
- água
- 1 pimentão vermelho
- ½ xícara (chá) de folhas de coentro

MODO DE PREPARO

Lavar os inhames muito bem, descascá-los e cortá-los em pedaços. Refogar no azeite a cebola, o alho, o orégano e adicionar o inhame e o sal, mexendo de vez em quando. Juntar ao refogado o açafrão e mexer novamente até ficar bem misturado. Em seguida cobrir os inhames com água e deixar ferver até quase secar. Adicionar o pimentão cortado em pedaços 5 minutos antes de desligar o guisado e manter a panela tampada. Desligar o fogo e adicionar imediatamente as folhas de coentro. Manter a panela tampada por mais 3 minutos e servir em seguida.

Bardanas "Ô ô cupido"

INGREDIENTES

10 bardanas fatiadas
1 colher (sopa) de óleo
1 cebola média picada
1 colher (café) de orégano
1 colher (café) de pimenta-malagueta
8 azeitonas picadas
1 colher (chá) de sal
água
1 xícara (chá) de salsa picada

MODO DE PREPARO

Refogar no óleo a cebola com o orégano e a pimenta-malagueta. Adicionar as bardanas, as azeitonas e o sal, refogando mais um pouco. Juntar a água e deixar ferver até que esta evapore quase totalmente. Adicionar a salsa 3 minutos antes de desligar o fogo, mantendo a panela tampada. Servir em seguida.

Jiló com salsa "Comigo ninguém pode"

INGREDIENTES
- 1 kg de jiló
- 3 dentes de alho fatiados
- 1 colher (sopa) de azeite de oliva
- 1 colher (sopa) de suco de limão
- 1 colher (chá) de sal
- 1 xícara (chá) de folhas de salsa

MODO DE PREPARO

Lavar os jilós e descascá-los, tomando o cuidado de deixar um pouco da casca em cada um deles. Refogar o alho no azeite até dourar, adicionar os jilós, o suco de limão e o sal. Continuar refogando, mexendo de vez em quando, mantendo a panela tampada e o fogo baixo. Alguns minutos antes de desligar adicionar a salsa e servir em seguida.

Tofu *"Waves"*

INGREDIENTES
1 prato (sopa) de *tofu* (queijo de soja) cortado em cubos
1 colher (sopa) de azeite de oliva
2 cebolas médias cortadas em tiras
½ pacote de *moyashi* (brotos de feijão) escaldado
1 cálice (licor) de *shoyu* (molho de soja)
1 xícara (chá) de água
1 xícara (chá) de cebolinha verde picada
1 xícara (chá) de salsa picada
1 colher (chá) de óleo de gergelim
1 colher (café) de açúcar

MODO DE PREPARO
Refogar no azeite a cebola, e adicionar o *tofu*, o *moyashi*, o *shoyu* e a água. Aferventar por uns 5 minutos e juntar os ingredientes restantes. Mexer devagar, misturando tudo muito bem. Servir quente.

Abóbora japonesa com coentro
"Ninguém é de ninguém"

INGREDIENTES

½ abóbora em pedaços
1 cebola pequena picada
2 colheres (sopa) de óleo
1 colher (café) de sal
1 xícara (chá) de água
1 xícara (chá) de folhas de coentro

MODO DE PREPARO

Refogar a cebola no óleo, adicionar a abóbora e o sal, e continuar refogando por uns 3 minutos. Despejar a água e deixar ferver em fogo baixo. Juntar ao refogado as folhas de coentro um pouco antes de desligar o fogo. Terminar o cozimento com a panela tampada. Servir quente.

Vagem na manteiga "Se acaso você chegasse"

INGREDIENTES

- 1 kg de vagem bem picada
- 1 colher (sopa) de óleo
- 1 cebola média picada
- 1 colher (sopa) de manteiga
- 1 colher (chá) de sal
- 1 colher (café) de canela em pó

MODO DE PREPARO

Refogar a cebola no óleo com a manteiga, adicionar a vagem e o sal. Continuar refogando no vapor, mantendo a panela tampada e em fogo baixo. Mexer com bastante frequência. Quando estiver quase pronta, adicionar a canela, mexendo bem para que fique bem espalhada. Desligar e manter a panela tampada por mais 3 minutos. Servir quente.

pratos gratinados

Abobrinhas recheadas com PVT (proteína vegetal texturizada) "Jhúlia"

INGREDIENTES

8 abobrinhas pequenas
1 xícara (chá) de PVT granulado
1 xícara (chá) do miolo das abobrinhas
1 cebola média picada
1 xícara (chá) de salsa picada
1 xícara (chá) de coentro picado
1 colher (chá) de orégano
1 pitada de cominho em pó
8 azeitonas picadas
1 colher (chá) de sal
2 colheres (sopa) rasas de azeite de oliva
queijo parmesão ralado para a cobertura (o suficiente)

MODO DE PREPARO

Retirar o miolo das abobrinhas e reservar. Num outro recipiente hidratar a PVT com água fervente, numa quantidade que cubra bem o granulado. Deixar de molho por 15 minutos e escorrer a água muito bem. Em seguida juntar a PVT com todos os outros ingredientes menos o queijo parmesão e as abobrinhas. Deixar essa mistura descansar por meia hora para pegar o gosto dos temperos e usá-la para rechear as abobrinhas. Dispô-las numa travessa refratária, polvilhá-las com o queijo parmesão e levá-las ao forno médio por 15 minutos. Servir imediatamente.

Panquecas recheadas com ricota "Zélia e Alfredo"

INGREDIENTES DA MASSA

1 copo de farinha de trigo integral
1 copo de leite
1 ovo inteiro
1 colher (chá) rasa de sal

INGREDIENTES DO RECHEIO

500 g de ricota fresca
1 cebola pequena picada
1 xícara (chá) de salsa picada
1 xícara (chá) de coentro picado
1 colher (chá) de orégano
1 colher (sopa) cheia de azeite de oliva
¾ de xícara (chá) de leite
1 colher (chá) de sal

MODO DE PREPARO

Juntar no liquidificador todos os ingredientes da massa. Bater bem e reservar.

Num outro recipiente juntar todos os ingredientes do recheio e amassar bem.

Levar ao fogo baixo uma frigideira untada, deixar esquentar um pouco. Colocar a massa com uma concha, espalhando bem. Assim que dourar a parte de baixo, virar o lado, e ir procedendo da mesma forma com o restante da massa.

Dispor os discos de panqueca sobre uma tábua, rechear e enrolar. Colocar as panquecas numa travessa refratária, cobri-las com o molho de sua preferência e levar ao forno médio por 15 minutos. Servir quente.

Abóbora japonesa gratinada
"Eu vou pra maracangalha"

INGREDIENTES

½ abóbora madura
1 colher (sopa) de azeite de oliva
1 cebola média cortada em rodelas
1 colher (chá) de orégano
1 colher (café) de sal
150 g de queijo muçarela
¾ de xícara (chá) de água
7 ameixas-pretas (um pouco amolecidas)

MODO DE PREPARO

Cortar a abóbora em fatias mais ou menos finas e reservar.
Refogar no azeite a cebola com o orégano numa panela de fundo largo ou numa frigideira, juntar a abóbora e mexer devagar com certa frequência. Adicionar o sal e a água, deixando ferver com a panela tampada.
Depois de cozidas, dispor as fatias de abóbora e a cebola numa travessa refratária. Cobrir com as fatias de muçarela e enfeitar com as ameixas-pretas. Levar ao forno médio para derreter a muçarela. Servir em seguida.

Batatas gratinadas "Pedro"

INGREDIENTES
- 1 kg de batatas descascadas e cortadas em rodelas finas
- 100 g de manteiga
- 1 colher (sobremesa) de sal
- 150 g de queijo muçarela
- 50 g de queijo parmesão ralado
- 1 lata de creme de leite (sem soro)
- leite (a mesma medida da lata)

MODO DE PREPARO
Numa travessa refratária, distribuir metade das batatas. Espalhar sobre elas uma parte da manteiga, uma parte do sal, toda a muçarela e parte do queijo parmesão. Distribuir sobre essa camada a outra parte das batatas, espalhar sobre elas o restante da manteiga e do sal, e reservar. Misturar muito bem o creme de leite com o leite de vaca. Em seguida, despejar essa mistura sobre as batatas e polvilhar com o restante do queijo parmesão. Levar ao forno médio por 1 hora. Servir imediatamente.

Bolo de cará "Nem às paredes confesso"

INGREDIENTES DA MASSA

- 1 kg de cará cozido
- 2 colheres (sopa) de manteiga
- 1 ½ xícara (chá) de leite
- 2 colheres (sopa) de queijo parmesão ralado

INGREDIENTES DO RECHEIO

- 1 xícara (chá) de PVT (proteína vegetal texturizada)
- 8 azeitonas picadas
- 1 xícara (chá) de salsa picada
- 1 xícara (chá) de coentro picado
- 1 colher (sopa) de azeite de oliva
- 1 colher (sopa) de óleo
- 1 cebola média picada
- 3 tomates sem pele e sem sementes picados
- 1 colher (chá) de sal
- 1 colher (chá) de orégano
- 2 colheres (sopa) de queijo parmesão ralado

MODO DE PREPARO

Passar o cará cozido no espremedor e reservar. Derreter a manteiga e juntar a massa de cará, o leite e o queijo parmesão. Mexer devagar em fogo baixo, até ficar uma massa bem homogênea. Reservar.

Deixar a PVT de molho em água bem quente por 15 minutos, e em seguida escorrer e refogar com todos os outros ingredientes, menos o queijo parmesão. Mexer um pouco e manter em fogo baixo por 10 minutos.

Numa travessa refratária, espalhar metade da massa de cará. Sobre ela espalhar o refogado e cobrir com a outra metade da massa de cará. Polvilhar com queijo parmesão e enfeitar com algumas azeitonas. Levar ao forno médio por 15 minutos. Servir em seguida.

Suflê de abobrinhas "Os noivos"

INGREDIENTES

5 abobrinhas miúdas
2 colheres (sopa) de manteiga
1 cebola pequena picada
2 dentes de alho fatiados
1 colher (café) de cominho em pó
1 colher (chá) de sal
1 xícara (chá) de farinha de trigo integral
1 colher (sopa) de queijo parmesão ralado
2 ovos

MODO DE PREPARO

Lavar as abobrinhas muito bem, cortá-las em rodelas finas e refogá-las na manteiga, com a cebola, o alho, o cominho e o sal. Mexer um pouco e manter em fogo baixo, com a panela tampada. Adicionar a farinha aos poucos, mexendo sem parar. Deixar esfriar uns 5 minutos e, então, juntar as gemas e o queijo parmesão. Bater as claras em neve e misturá-las à massa, mexendo devagar. Levar ao forno médio numa fôrma refratária previamente untada e polvilhada com farinha de trigo por 20 minutos. Servir quente.

ensopados

Grão-de-bico "Marrakech"

INGREDIENTES

- 1 cebola média picada
- 2 dentes de alho fatiados
- 1 colher (café) de orégano
- 2 colheres (sopa) de manteiga
- 3 copos grandes de grão-de-bico cozido
- 2 xícaras (chá) de molho de tomate natural (ver receita na página 113)
- 1 colher (chá) de sal
- 1 colher (café) de mel
- 1 colher (café) de canela em pó
- 1 colher (chá) de *curry*
- 2 colheres (sopa) de folhas de coentro
- 1 xícara (chá) de folhas de salsa
- 3 colheres (sopa) de creme de leite

MODO DE PREPARO

Refogar a cebola, o alho e o orégano na manteiga. Colocar o grão-de-bico, o molho de tomate e mexer um pouco. Acrescentar o sal, o mel, a canela em pó, o *curry* e deixar ferver em fogo baixo por 10 minutos. Desligar o fogo e adicionar o coentro, a salsa, o creme de leite e mexer um pouco. Manter a panela tampada por mais uns 3 minutos e então servir bem quente.

Feijão azuki *"Tropical"*

INGREDIENTES

- 2 dentes de alho fatiados
- 1 colher (café) de orégano
- 1 colher (sopa) de azeite de oliva
- 1 alho-poró cortado em rodelas
- 1 prato fundo de pedaços de abóbora japonesa
- 1 colher (café) rasa de cominho em pó
- 4 xícaras (chá) de feijão *azuki* cozido (com o caldo)
- 1 colher (chá) de sal

MODO DE PREPARO

Refogar o alho e o orégano no azeite. Adicionar o alho-poró, a abóbora e o cominho, deixando refogar mais um pouco. Despejar o feijão *azuki* com o caldo, acrescentar o sal e deixar ferver por 15 minutos em fogo baixo. Desligar e manter a panela tampada por 5 minutos. Servir em seguida.

Dica: O feijão *azuki* leva menos tempo que o feijão-roxinho para cozinhar e seu caldo é bem mais ralo.

Lentilha com couve-de-bruxelas "Harmonia"

INGREDIENTES

1 cebola média picada
1 dente de alho fatiado
3 colheres (sopa) de manteiga
4 xícaras (chá) de lentilha cozida
12 unidades de couve-de-bruxelas
1 colher (chá) de sal
água (o suficiente)
2 colheres (sopa) de queijo tipo provolone picado
folhas de salsa

MODO DE PREPARO

Refogar a cebola e o alho na manteiga. Colocar a lentilha, a couve-de-bruxelas, o sal e a água, deixando ferver por mais ou menos 15 minutos em fogo baixo. Acrescentar o queijo provolone 5 minutos antes de desligar. Após desligar, adicionar as folhas de salsa. Manter a panela tampada por mais 3 minutos e servir em seguida.

Feijoada natural "Sonhar contigo"

INGREDIENTES

- 1 cebola pequena picada
- 1 colher (chá) de orégano
- 1 dente de alho fatiado
- 1 colher (sopa) de azeite de oliva
- 2 copos de feijão-preto (ou feijão *azuki*) cozido (com o caldo)
- 1 prato fundo de couve-flor cortada em buquês
- 1 prato fundo de brócolis cortados em buquês
- 1 prato fundo de cenoura cortada em palito
- 1 prato fundo de PVT (proteína vegetal texturizada)
- 1 colher (chá) de sal
- 2 colheres (sopa) cheias de ricota defumada ralada

MODO DE PREPARO

Refogar a cebola, o orégano e o alho no azeite. Despejar o feijão com o caldo, juntar os legumes, o sal e a PVT (previamente deixada de molho em água fervente por 15 minutos e escorrida), e deixar ferver em fogo baixo por 15 minutos. Adicionar a ricota defumada e deixar mais 5 minutos em fervura no fogo baixo. Desligar, mantendo a panela tampada por mais uns 3 minutos. Servir em seguida.

Feijão-branco ensopado "Tirolesa"

INGREDIENTES

- 2 dentes de alho fatiados
- 1 colher (café) de orégano
- 1 colher (sopa) de manteiga
- 3 copos de feijão-branco cozido (com o caldo)
- 4 tomates sem pele e sem sementes picados
- 1 colher (chá) de sal
- 1 colher (café) de açúcar
- 1 colher (chá) de açafrão
- 2 cebolas médias cortadas em quatro partes
- 2 colheres (sopa) de alcaparras miúdas

MODO DE PREPARO

Refogar o alho e o orégano na manteiga. Adicionar o feijão-branco, os tomates, o sal, o açúcar e o açafrão, e deixar ferver em fogo baixo por 15 minutos. Adicionar as cebolas e as alcaparras, mantendo por mais 5 minutos em fogo baixo. Desligar, conservando a panela ainda tampada, e servir em seguida.

massas integrais

Lasanha integral com creme de cenoura "Andrea Chaniér"

INGREDIENTES

1 cebola grande picada
1 colher (chá) de orégano
1 colher (sopa) de manteiga
4 cenouras médias raladas
1 xícara (chá) de salsa picada
1 colher (chá) de sal
1 colher (café) de açúcar
1 xícara (chá) de castanha-do-pará moída
1 xícara (chá) de leite
1 xícara (chá) de creme de leite fresco
2 colheres (sopa) de amido de milho dissolvido em 4 colheres (sopa) de água
500 g de massa de lasanha integral cozida
6 xícaras (chá) de molho de tomate natural ao sugo
250 g de muçarela fatiada
2 colheres (sopa) de queijo parmesão ralado

MODO DE PREPARO

Refogar a cebola e o orégano na manteiga. Adicionar a cenoura e deixar refogar um pouco, o suficiente para que amoleça. Em seguida juntar a salsa, o sal, o açúcar e as castanhas-do-pará, e mexer mais um pouco. Num outro recipiente, misturar o leite, o creme de leite e o amido de milho, mexendo muito bem até que a mistura fique totalmente homogênea.

Juntar essa mistura ao refogado de cenoura, mexendo devagar até que se transforme num creme.

Fazer a montagem do prato da seguinte maneira: distribuir a massa da lasanha numa fôrma refratária, espalhar sobre ela o molho de tomate, dispor as fatias de muçarela e espalhar o creme de cenoura. Começar novamente as camadas, terminando com a massa. Cobrir com molho de tomate e queijo parmesão. Levar ao forno médio por mais ou menos 20 minutos para gratinar. Servir bem quente.

Macarrão integral com mostarda ao alho e óleo "Volto já"

INGREDIENTES

2 maços de folhas de mostarda
8 dentes de alho fatiados
3 colheres (sopa) de óleo
1 colher (sopa) de azeite de oliva
1 colher (sobremesa) rasa de sal
500 g de qualquer tipo de macarrão integral já cozido

MODO DE PREPARO

Escaldar as folhas de mostarda em pouca água. Escorrer, picar muito bem e reservar. Numa outra panela refogar o alho no óleo misturado ao azeite até dourar. Adicionar a mostarda e o sal, e mexer um pouco. Em seguida juntar o macarrão, misturando tudo muito bem, mantendo o fogo sempre baixo. Desligar, conservando a panela tampada por uns 3 minutos, e servir em seguida.

Espaguete integral no requeijão "Rafael"

INGREDIENTES

2 colheres (sopa) de manteiga
1 xícara (chá) de leite
1 colher (chá) de sal
1 copo de requeijão
500 g de espaguete integral já cozido
50 g de queijo parmesão ralado

MODO DE PREPARO

Derreter a manteiga, colocar o leite, o sal e o requeijão. Mexer um pouco em fogo baixo até misturar tudo muito bem. Acrescentar o macarrão cozido e continuar mexendo devagar. Polvilhar com o queijo parmesão e servir em seguida.

Talharim integral com tomate e manjericão "Nada além"

INGREDIENTES
- 8 dentes de alho fatiados
- 3 colheres (sopa) de óleo
- 1 colher (sopa) de azeite de oliva
- 10 tomates sem pele e sem sementes cortados em pedaços bem pequenos
- 1 colher (chá) de sal
- 1 colher (café) de pimenta-malagueta picada
- 1 xícara (chá) de folhas de manjericão
- 500 g de talharim integral já cozido

MODO DE PREPARO
Refogar o alho no óleo misturado ao azeite até dourar. Colocar os tomates, o sal, a pimenta-malagueta e as folhas de manjericão, e mexer um pouco. Juntar o talharim integral, misturando tudo muito bem. Desligar e servir quente.

saladas

Salada de alfafa "D'Artagnan"

INGREDIENTES
- folhas de alface
- 2 xícaras (chá) de alfafa
- 1 prato (sobremesa) de *tofu* (queijo de soja) cortado em cubos
- 1 xícara (chá) de milho verde cozido
- 1 kiwi cortado em fatias
- 1 cenoura média ralada
- 1 beterraba média ralada

MOLHO
- 1 xícara (chá) de cebolinha-verde picada
- 1 colher (sopa) de gengibre ralado
- 2 xícaras (café) de azeite de oliva
- ½ xícara (café) de água
- 1 colher (sobremesa) de vinagre de maçã
- 1 colher (café) de mel
- 2 colheres (sopa) de molho inglês
- 1 colher (café) de sal

MODO DE PREPARO

Decorar o prato de salada com as folhas de alface e distribuir todos os ingredientes em fileiras, criando o colorido de sua preferência. Misturar todos os ingredientes do molho e jogar sobre a salada.

Salada de beterraba com laranja
"Bate, bate coração"

INGREDIENTES

3 beterrabas médias cozidas
3 laranjas descascadas e sem pele, cortadas em gomos
1 xícara (chá) de salsa picada
alface
rúcula

MOLHO

4 colheres (sopa) de *shoyu* (molho de soja)
2 colheres (sopa) de molho inglês
4 colheres (sopa) de água
1 colher (sopa) de suco de limão
2 colheres (sopa) de azeite de oliva

MODO DE PREPARO

Cortar as beterrabas em fatias. Dispô-las num prato redondo em forma de rosácea. Fazer o mesmo com as laranjas. Salpicar com a salsa. Misturar os ingredientes do molho muito bem e despejar sobre a salada. Servir com folhas de alface, rúcula ou outra verdura de sua preferência.

Salada de grãos de trigo "Um violeiro toca"

INGREDIENTES

1 ½ xícara (chá) de grãos de trigo
1 xícara (chá) de hortelã picada
1 copo de iogurte natural
1 dente de alho amassado
1 colher (sopa) de azeite de oliva
1 colher (chá) de sal
2 colheres (sopa) de uvas-passas
1 maçã cortada em pedacinhos
suco de 1 limão pequeno
alface
agrião

MODO DE PREPARO

Deixar os grãos de trigo de molho em mais ou menos 1 litro de água, de um dia para o outro. Cozinhá-los nessa mesma água durante 1 hora, em fogo baixo. Mantê-los ainda na mesma água até esfriar. Em seguida escorrer e adicionar, então, o restante dos ingredientes, com exceção do iogurte, e mexer. Para finalizar, despejar o iogurte sobre os grãos de trigo e misturar devagar e muito bem. Servir acompanhando folhas de alface, agrião ou outra verdura de sua preferência.

Salada de soja com molho verde
"O que será, será"

INGREDIENTES

3 xícaras (chá) de grãos de soja
1 copo de iogurte
1 xícara (chá) de salsa
1 xícara (chá) de cebolinha verde
1 colher (chá) de sal
1 dente de alho
1 colher (sopa) de azeite de oliva
1 colher (sobremesa) de suco de limão
folhas de salsa e morangos (de preferência com os cabinhos) para decorar

MODO DE PREPARO

Deixar os grãos de soja de molho de um dia para o outro. Cozinhá-los por meia hora em fogo baixo. Deixar esfriar e escorrer. Levar ao liquidificador o iogurte e os demais ingredientes e bater por 1 minuto. Espalhar a soja num prato, despejar o molho verde de iogurte no centro do prato e decorar sua borda com as folhas de salsa e com os morangos.

Dica: Os morangos podem ser substituídos por tomates-cereja.

sopas

Sopa de aveia "Alpina"

INGREDIENTES

1 copo de aveia em grãos prensados
5 copos de água
1 cebola média picada
1 dente de alho fatiado
1 colher (chá) de manteiga
1 colher (sopa) de azeite de oliva
1 colher (chá) de sal
½ xícara (chá) de salsa picada

MODO DE PREPARO

Deixar a aveia de molho em água morna por meia hora e reservar. Refogar a cebola e o alho na manteiga misturada ao azeite. Colocar o sal e despejar a água, deixando ferver por 10 minutos. Acrescentar, então, a aveia com a água em que ficou de molho, e ferver em fogo baixo por mais 15 minutos. Desligar e adicionar a salsa, mantendo a panela tampada por mais 3 minutos. Servir em seguida.

Caldo verde "Ai, Mouraria"

INGREDIENTES

- 1 cebola média picada
- 2 dentes de alho fatiados
- 1 colher (chá) de orégano
- 1 colher (chá) de manteiga
- 2 colheres (sopa) de azeite de oliva
- 2 ½ litros de água ou 12 xícaras (chá)
- 4 batatas médias cortadas em pedaços pequenos
- 1 maço de couve cortada bem fininha
- 2 colheres (sopa) de ricota defumada ralada
- 1 colher (sobremesa) de sal

MODO DE PREPARO

Refogar a cebola, o alho e o orégano na manteiga misturada ao azeite. Juntar as batatas e o sal, e refogar mais um pouco. Colocar a água e deixar ferver por 20 minutos em fogo baixo. Esmagar alguns pedaços de batata com uma escumadeira. Adicionar a couve e a ricota defumada, e deixar ferver por mais 5 minutos. Desligar, mantendo a panela tampada por mais 3 minutos. Servir em seguida.

Sopa de fubá "Luar do sertão"

INGREDIENTES
- 1 xícara (chá) de fubá
- 8 xícaras (chá) de água
- 1 dente de alho fatiado
- 1 cebola média picada
- 1 colher (café) de orégano
- 1 colher (chá) de manteiga
- 2 colheres (sopa) de azeite de oliva
- 1 colher (sobremesa) de sal
- folhas de agrião

MODO DE PREPARO

Misturar o fubá com a água fria e reservar. Num outro recipiente, refogar o alho, a cebola e o orégano na manteiga misturada ao azeite. Juntar ao refogado o sal e o fubá misturado à água. Deixar ferver em fogo baixo por 15 minutos, mexendo de vez em quando. Desligar e adicionar as folhas de agrião. Manter a panela tampada por mais 3 minutos. Servir em seguida.

Sopa de beterraba "Casablanca"

INGREDIENTES

- 3 beterrabas médias cozidas
- 10 xícaras (chá) de água
- 1 cebola média picada
- 1 dente de alho fatiado
- 1 colher (chá) de orégano
- 2 colheres (sopa) de azeite de oliva
- 2 colheres (sopa) de farinha de trigo integral
- 2 colheres (sopa) de creme de leite

MODO DE PREPARO

Bater no liquidificador as beterrabas com um pouco da água em que foram cozidas e reservar. Refogar a cebola, o alho e o orégano no azeite. Acrescentar a farinha de trigo integral e mexer até formar um leve angu. Juntar a beterraba batida e a água, deixando ferver em fogo baixo por 20 minutos. Desligar e misturar o creme de leite. Manter a panela tampada por mais 3 minutos. Servir em seguida.

Sopa de legumes "Por debaixo do pano"

INGREDIENTES

- 2 inhames médios
- 2 mandioquinhas
- 2 cenouras médias
- 4 buquês de couve-flor
- 1 xícara (chá) de vagens picadas
- 1 colher (sobremesa) rasa de sal
- 1 cebola média picada
- 1 colher (café) de orégano
- 1 colher (sopa) de manteiga
- 1 colher (sopa) de azeite de oliva

MODO DE PREPARO

Cozinhar os legumes com o sal. Depois de frios, batê-los no liquidificador com a água em que foram cozidos e reservar. Refogar a cebola com o orégano na manteiga misturada ao azeite e adicionar os legumes batidos. Deixar ferver em fogo baixo por 10 minutos. Desligar e manter a panela tampada por mais 3 minutos. Servir em seguida.

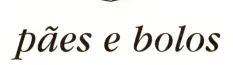

pães e bolos

Pão integral (receita básica) "Luiza"

INGREDIENTES

1 tablete de fermento para pão
2 xícaras (chá) de água morna
3 xícaras (chá) de farinha de trigo integral
2 xícaras (chá) de farinha de trigo branca
2 colheres (sopa) de açúcar mascavo
1 colher (sopa) rasa de sal
3 colheres (sopa) de óleo

MODO DE PREPARO

Dissolver o fermento em água morna e reservar. Num recipiente colocar as farinhas, o açúcar mascavo e o sal, e abrir uma concavidade. Adicionar o fermento dissolvido, misturar bem os ingredientes e sovar a massa. Deixar descansar por mais ou menos 2 horas ou até que a massa dobre de volume. Polvilhar a massa com mais um pouco de farinha, formatar os pães e deixar descansar por mais 20 minutos. Colocá-los em assadeira untada e levá-los ao forno previamente aquecido por mais ou menos 30 minutos.

Pão de ervas "Carinhoso"

INGREDIENTES DA MASSA
- 300 g de farinha de trigo integral
- 200 g de farinha de trigo branca
- 2 tabletes de fermento para pão
- 1 colher (sopa) de açúcar mascavo
- 1 colher (sobremesa) de sal
- 2 xícaras (chá) de leite morno
- 4 colheres (sopa) de óleo
- 2 colheres (sopa) rasas de manteiga

INGREDIENTES DO RECHEIO
- 1 maço de salsa picada
- 1 xícara (chá) de cebolinha verde picada
- 1 cebola média picada
- 1 xícara (chá) de coentro picado
- 1 colher (chá) de orégano
- sal, azeite de oliva e limão a gosto

MODO DE PREPARO

Misturar bem os ingredientes secos da massa e reservar. Num outro recipiente misturar todos os ingredientes do recheio, como se fosse uma salada, e reservar. Dissolver o fermento no leite morno e juntar o óleo e a manteiga. Despejar essa mistura sobre os ingredientes secos, fazendo uma massa bem uniforme. Deixar descansar por 2 horas, num recipiente polvilhado com farinha de trigo. Estender a massa em uma superfície lisa polvilhada com farinha, espalhar sobre ela o recheio e enrolar como se fosse um rocambole. Colocar o pão num tabuleiro untado e polvilhado com farinha de trigo. Levar ao forno médio para assar por 25 minutos.

Dica: Essa quantidade de massa dá para fazer 2 rocamboles grandes ou 3 pequenos.

Pizzinhas de zátar (tempero árabe)
"Mas que nada"

INGREDIENTES DA MASSA

Os mesmos ingredientes da massa do *Pão de ervas* (ver página 76).

INGREDIENTES DA COBERTURA OU RECHEIO

2 colheres (sopa) de zátar
8 colheres (sopa) de azeite de oliva
1 cebola pequena picada
sal a gosto

MODO DE PREPARO

Com a massa já crescida, puxar pedaços pequenos e fazer bolinhas. Num outro recipiente misturar todos os ingredientes do recheio. Abrir cada bolinha com as mãos formando pizzinhas. Com uma colher espalhar sobre elas um pouco da cobertura. Levar para assar em forno médio, num tabuleiro untado, por 15 minutos. Não é necessário deixar a massa dourar. Servir em seguida.

Esfirras de milho "Chililique"

INGREDIENTES DA MASSA

- 5 xícaras (chá) de farinha de trigo integral
- 3 xícaras (chá) de farinha de trigo branca
- 1 tablete de fermento para pão
- 1 colher (sopa) rasa de açúcar mascavo
- 1 colher (chá) rasa de sal
- 1 ½ (copo) de leite morno
- 1 colher (sobremesa) de manteiga
- 1 ovo inteiro
- ½ copo de água

INGREDIENTES DO RECHEIO

- 2 xícaras (chá) de milho verde cozido
- 1 xícara (chá) de ricota
- 1 cebola média picada
- ½ xícara (chá) de salsa picada
- 2 colheres (sopa) de azeite de oliva
- 1 colher (chá) rasa de sal
- 1 pitada de cominho em pó
- 1 colher (sopa) de suco de limão

MODO DE PREPARO

Misturar os ingredientes secos da massa e reservar.
Dissolver o fermento no leite morno, adicionar a manteiga, o ovo e a água. Juntar essa mistura aos ingredientes secos.

Sovar bem a massa e deixar descansar por 2 horas num recipiente polvilhado com farinha de trigo.
Num outro recipiente misturar todos os ingredientes do recheio, como se fosse uma salada.
Em seguida, puxar pedaços da massa e fazer bolinhas. Esticá-las em forma circular e colocar um pouco de recheio no centro de cada uma. Fechar o círculo de massa em forma triangular, de modo que se pareça com uma trouxinha.
Assar em fôrma untada por 15 minutos em forno médio.

Bolo integral de maçã "Cintura fina"

INGREDIENTES
  2 xícaras (chá) de açúcar mascavo
  1 xícara (chá) de açúcar branco
  5 ovos
  2 maçãs fatiadas
  1 xícara (chá) de leite
  3 xícaras (chá) de farinha de trigo integral
  1 xícara (chá) de farinha de trigo branca
  1 colher (café) de essência de baunilha
  1 pitada de noz-moscada ralada
  1 colher (sopa) de fermento em pó
  1 xícara (chá) de manteiga em temperatura ambiente
  1 colher (sopa) de canela em pó

MODO DE PREPARO

Bater o açúcar mascavo e o açúcar branco, as gemas e a manteiga na batedeira, até ficar um creme bem claro. Acrescentar o leite aos poucos, mexendo lentamente. Juntar a farinha de trigo integral e a farinha de trigo branca, xícara por xícara, mexendo devagar. Depois que a massa estiver formada, bater bem. Adicionar a baunilha, a noz-moscada, o fermento e, por último, as claras batidas em neve, mexendo lentamente até que todos os ingredientes se misturem bem. Despejar a massa numa fôrma de bolo previamente untada e polvilhada com farinha de trigo. Dispor as fatias de maçã sobre a massa e polvilhar com a canela. Levar ao forno médio já aquecido por mais ou menos 25 minutos.

Bolo integral de cacau "Zumbi maluco"

INGREDIENTES

- 1 xícara (chá) de farinha de trigo integral
- 1 xícara (chá) de farinha de trigo branca
- 1 xícara (chá) de açúcar mascavo
- 1 xícara (chá) de açúcar branco
- 1 xícara (chá) de cacau em pó
- 1 colher (chá) de canela em pó
- 1 colher (sobremesa) de fermento em pó
- 1 pitada de noz-moscada
- ½ xícara (chá) de óleo
- 3 ovos inteiros
- 1 xícara (chá) de água bem quente

MODO DE PREPARO

Misturar todos os ingredientes secos. Fazer uma abertura no meio e adicionar o óleo e os ovos, batendo muito bem. Em seguida acrescentar a água e continuar batendo por uns 5 minutos. Despejar a massa numa fôrma de bolo previamente untada e polvilhada com farinha de trigo. Levar ao forno médio já aquecido por mais ou menos 25 minutos.

Bolo integral de cenoura "Anos dourados"

INGREDIENTES DA MASSA
- 3 cenouras médias cruas
- 1 xícara (chá) de óleo
- 3 ovos inteiros
- 2 xícaras (chá) de farinha de trigo integral
- 1 xícara (chá) de farinha de trigo branca
- 2 xícaras (chá) de açúcar mascavo
- 1 xícara (chá) de açúcar branco
- 1 colher (sobremesa) de fermento em pó

INGREDIENTES DA COBERTURA
- 1 xícara (chá) de açúcar mascavo
- ½ xícara (chá) de cacau em pó
- ½ xícara (chá) de leite
- 1 colher (sopa) de manteiga

MODO DE PREPARO

Bater no liquidificador as cenouras, o óleo e os ovos por 1 minuto. Num outro recipiente misturar todos os ingredientes secos. Despejar sobre eles a massa batida no liquidificador e bater muito bem com uma colher de pau. Colocar a massa numa fôrma de bolo previamente untada e polvilhada com farinha de trigo. Levar ao forno médio já aquecido por mais ou menos 25 minutos. Retirar o bolo e deixar esfriar.

Enquanto isso, juntar os ingredientes da cobertura, mexendo devagar em fogo baixo. Quando começar a desgrudar da panela, despejar imediatamente sobre o bolo. Servir após esfriar a cobertura.

sanduíches naturais

"O exagerado"

"O invocado"

INGREDIENTES

- pão integral
- fatias de queijo minas fresco
- cenoura ralada
- requeijão
- geleia de morango
- ovo mexido

INGREDIENTES

- pão integral
- requeijão
- queijo parmesão ralado
- escarola cortada em tiras bem finas
- temperos (azeite de oliva, orégano, sal e limão)

"O felizardo"

INGREDIENTES
- pão integral
- requeijão
- beterraba cozida e ralada
- salsa picada
- nozes picadas
- alface fatiada
- temperos (azeite de oliva, orégano, sal e limão)

"O poderoso"

INGREDIENTES
- pão integral
- alfafa
- fatias de queijo minas fresco
- cebola refogada (quase torrada)
- requeijão

"O assanhado"

INGREDIENTES
- pão integral
- requeijão
- queijo provolone ralado
- alface cortada em tiras finas
- pimentão vermelho picado e refogado

"O místico"

INGREDIENTES
- pão integral
- requeijão
- agrião
- gergelim torrado
- fatias de queijo minas fresco

cremes

Creme de milho "Fricote"

INGREDIENTES
- 2 xícaras (chá) de milho verde cozido
- 6 xícaras (chá) de leite
- 1 cebola pequena picada
- 1 colher (café) de orégano
- 1 colher (sopa) de manteiga
- 1 colher (café) de mel
- 1 colher (chá) de sal
- 2 colheres (sopa) de amido de milho

MODO DE PREPARO

Bater rapidamente (com apenas um toque no liquidificador) o milho e o leite. Refogar a cebola e o orégano na manteiga. Adicionar o milho e o leite batidos, o mel, o sal e o amido de milho. Deixar em fogo baixo mexendo devagar e sem parar até engrossar um pouco. Desligar e servir 3 minutos depois.

Creme de ervilha "Quem é você?"

INGREDIENTES

   2 copos de ervilhas secas
   2 cebolas médias cortadas em rodelas
   1 colher (sopa) de manteiga
   1 colher (sopa) de azeite de oliva
   1 copo de leite
   1 colher (sobremesa) de amido de milho
   1 colher (chá) de sal
   1 copo de água do cozimento da ervilha
   1 colher (sobremesa) de ricota defumada ralada

MODO DE PREPARO

Deixar a ervilha de molho na véspera. Cozinhar e reservar. Refogar uma cebola em um pouco de manteiga misturada ao azeite até dourar bem e reservar. Refogar a outra cebola no restante da manteiga com o azeite e adicionar a ervilha cozida e escorrida, mexendo de vez em quando, em fogo baixo.

Num outro recipiente misturar o leite com o amido de milho, o sal, a água do cozimento da ervilha e a ricota defumada. Adicionar essa mistura ao refogado. Mexer devagar até engrossar.

Servir numa travessa, de preferência um pouco côncava, e espalhar a cebola torradinha como cobertura.

Acompanhar com arroz integral e algumas folhas de alface.

Creme de mandioquinha "Procurando tu"

INGREDIENTES

1 kg de mandioquinha
2 xícaras (chá) de água do cozimento da mandioquinha
1 colher (chá) de amido de milho
1 colher (chá) de sal
1 cebola pequena picada
½ xícara (chá) de coentro picado
1 colher (sopa) de azeite de oliva

MODO DE PREPARO

Cozinhar a mandioquinha e, ainda quente, retirá-la da água. Reservar a água do cozimento. Amassar a mandioquinha ainda quente e reservar.

Num outro recipiente misturar a água do cozimento da mandioquinha com o amido de milho e o sal. Reservar.

Refogar a cebola e o coentro no azeite até dourar e adicionar a mandioquinha amassada, mexendo um pouco e mantendo o fogo baixo. Em seguida acrescentar a mistura de água e o amido de milho, mexendo devagar até engrossar.

Desligar e servir acompanhado de arroz integral e folhas de escarola.

tortas integrais salgadas

Torta de queijo "Mila Rey"

INGREDIENTES DA MASSA

- 1 xícara (chá) de farinha de trigo integral
- 1 xícara (chá) de farinha de trigo branca
- 100 g de manteiga
- 1 gema
- 1 colher (chá) de sal

INGREDIENTES DO RECHEIO

- 300 g de queijo minas fresco
- 4 ovos inteiros
- 1 colher (sopa) de manteiga derretida
- ¾ de xícara (chá) de leite
- 1 colher (chá) de sal

MODO DE PREPARO

Misturar todos os ingredientes da massa até formar uma bola. Forrar o fundo e as laterais de uma fôrma refratária rasa com essa massa. Reservar. Num outro recipiente, amassar bem o queijo fresco com um garfo e adicionar todos os outros ingredientes do recheio, misturando tudo muito bem. Colocar o recheio sobre a massa e levar ao forno até dourar. Servir 5 minutos após apagar o fogo.

Torta de legumes "Cervantes"

INGREDIENTES DA MASSA

4 colheres (sopa) de farinha de trigo integral
2 colheres (sopa) de farinha de trigo branca
4 ovos inteiros
2 xícaras (chá) de leite
1 colher (sopa) de fermento em pó
1 xícara (chá) de óleo
1 colher (chá) de sal
1 colher (sopa) de queijo parmesão ralado

INGREDIENTES DO RECHEIO

1 xícara (chá) de milho verde cozido
1 xícara (chá) de ervilhas verdes
1 cebola média picada
1 tomate sem pele e sem sementes picado
6 azeitonas picadas
½ xícara (chá) de salsa picada
½ xícara (chá) de coentro picado
1 colher (café) de sal
1 colher (café) de orégano
2 colheres (sopa) de azeite de oliva
suco de ½ limão pequeno

MODO DE PREPARO

Misturar todos os ingredientes do recheio e reservar. Bater no liquidificador todos os ingredientes da massa e despejar metade sobre uma fôrma refratária previamente untada e polvilhada com farinha de trigo. Em seguida espalhar o recheio, distribuindo-o muito bem sobre a massa. Despejar a segunda parte da massa. Levar ao forno médio por mais ou menos 25 minutos.

Torta de trigo com batatas "Eclipse oculto"

INGREDIENTES

- 2 xícaras (chá) de triguilho (trigo para quibe)
- 5 batatas cozidas e amassadas
- 1 cebola média picada
- 1 cebola pequena cortada em rodelas (para decorar)
- 1 colher (chá) de sal
- 1 ovo inteiro
- 3 colheres (sopa) de farinha de trigo integral
- 1 colher (chá) de azeite de oliva
- 1 xícara (chá) de hortelã picada
- 1 xícara (chá) de nozes picadas
- 6 nozes inteiras (para decorar)

MODO DE PREPARO

Lavar o triguilho e deixá-lo de molho na véspera. Escorrê-lo muito bem e colocar todos os outros ingredientes, misturando bem. Espalhar a massa numa fôrma refratária e previamente untada. Decorar com as nozes inteiras e as rodelas de cebola. Levar ao forno médio por 25 minutos. Servir quente.

Torta de bardana com cenoura "Pétala"

INGREDIENTES DA MASSA

- 1 ½ copo de farinha de trigo integral
- 120 g de manteiga (levemente gelada)
- 1 colher (sopa) de fermento em pó
- 1 ovo inteiro
- 1 colher (chá) de sal
- 1 colher (sopa) de leite

INGREDIENTES DO RECHEIO

- 1 cebola média picada
- 1 colher (chá) de sal
- 1 colher (café) de orégano
- 1 colher (sopa) de manteiga
- 1 colher (sopa) de azeite de oliva
- 8 bardanas raladas
- 1 cenoura ralada
- 6 azeitonas picadas
- ½ xícara (chá) de coentro picado
- 1 xícara (chá) de leite
- 1 colher (sopa) de amido de milho

MODO DE PREPARO

Misturar bem os ingredientes da massa até formar uma bola. Dividir a massa em duas partes. Estender uma parte da massa e forrar o fundo e as laterais de uma fôrma refratária. Preparar o recheio refogando primeiramente a cebola, o sal e o orégano na manteiga misturada ao azeite. Adicionar os outros ingredientes, com exceção do leite e do amido de milho. Deixar o refogado tampado em fogo baixo, mexendo de vez em quando, por uns 5 minutos. Misturar o leite com o amido de milho e despejar sobre o refogado, mexendo devagar até engrossar e formar um creme.

Desligar o fogo e espalhar o creme sobre a massa já estendida na fôrma refratária. Estender a outra parte da massa para cobrir a torta. Levar ao forno médio por mais ou menos 25 minutos.

tortas integrais doces

Torta de ameixas-pretas "Cleópatra"

INGREDIENTES DA MASSA
- 1 xícara (chá) de farinha de trigo integral
- 1 xícara (chá) de farinha de trigo branca
- 2 gemas
- 1 xícara (chá) de manteiga
- 1 colher (sopa) de açúcar mascavo

INGREDIENTES DO RECHEIO
- ½ litro de leite
- ½ xícara (chá) de açúcar mascavo
- 1 xícara (chá) de leite de coco
- 2 colheres (sopa) de amido de milho
- 2 xicaras (chá) de ameixas-pretas sem caroço (amolecidas)
- canela em pó

MODO DE PREPARO

Misturar todos os ingredientes da massa até formar uma bola. Forrar o fundo e as bordas de uma fôrma refratária, espalhando a massa com os dedos. Levar ao forno médio já aquecido por 10 a 15 minutos. Deixar esfriar.

Num outro recipiente, misturar o leite, o açúcar, o leite de coco e o amido de milho. Levar ao fogo baixo mexendo bem devagar até ferver e virar um creme. Despejar esse creme sobre a massa da torta e deixar esfriar.

Em seguida, espalhar as ameixas-pretas amolecidas e abertas sobre a torta. Polvilhar com canela em pó e servir gelada.

Torta de banana "Orangotanga"

INGREDIENTES

1 dúzia de bananas-nanicas em fatias
6 colheres (sopa) de açúcar mascavo
6 colheres (sopa) de farinha de trigo integral
1 colher (sopa) de fermento em pó
3 colheres (sopa) de manteiga
3 colheres (chá) de canela em pó
1 copo de leite
2 ovos inteiros

MODO DE PREPARO

Dividir as bananas-nanicas em três partes iguais e reservar.
Misturar o açúcar, a farinha e o fermento, dividir em duas partes iguais e reservar.
Espalhar as bananas-nanicas fatiadas sobre uma fôrma untada e polvilhada com farinha de trigo. Distribuir a manteiga, a canela e a mistura seca por cima das bananas-nanicas. Proceder da mesma forma uma segunda vez. Em seguida, despejar sobre a torta o leite previamente misturado com os ovos bem batidos. Finalizar com uma última camada de banana-nanica, manteiga e canela.
Levar ao forno médio já aquecido por mais ou menos 25 minutos.

Torta de ricota "Os dez mandamentos"

INGREDIENTES

½ kg de ricota fresca
1 ½ xícara (chá) de leite condensado
1 ½ xícara (chá) de leite
2 colheres (sopa) de açúcar mascavo
1 colher (sopa) de açúcar branco
3 colheres (sopa) de amido de milho
1 colher (chá) de essência de baunilha
4 ovos inteiros
1 xícara (chá) de uvas-passas

MODO DE PREPARO

Bater todos os ingredientes no liquidificador, menos as uvas-passas, que devem ser adicionadas à massa já batida. Despejar a massa numa fôrma previamente untada e polvilhada com farinha de trigo. Levar ao forno médio já aquecido por mais ou menos 25 minutos.

molhos para massas

Molho de tomate natural "Primata"

INGREDIENTES
- 2 kg de tomates bem maduros
- 3 dentes de alho fatiados
- 3 colheres (sopa) de óleo
- 1 colher (sobremesa) de sal
- 1 colher (chá) de açúcar

MODO DE PREPARO

Lavar os tomates muito bem e escaldá-los. Tirar a pele e as sementes e batê-los no liquidificador. Refogar o alho no óleo até dourar e juntar o tomate, o sal e o açúcar. Deixar ferver em fogo baixo por pelo menos 20 minutos, mexendo de vez em quando.

Molho branco "Tempo, tempo"

INGREDIENTES
- 1 cebola pequena picada
- 1 colher (chá) de orégano
- 1 colher (chá) de sal
- 1 colher (sopa) de manteiga
- 4 xícaras (chá) de leite
- 1 colher (sopa) de amido de milho

MODO DE PREPARO

Refogar a cebola com o orégano e o sal na manteiga. Num copo misturar um pouco do leite com o amido de milho, colocar o restante do leite e juntar ao refogado, cozinhando em fogo baixo até ferver, mexendo devagar até engrossar. Desligar o fogo e servir em seguida.

Molho verde "O Rei Leão"

INGREDIENTES
- 1 xícara (chá) de leite
- 1 xícara (chá) de salsa
- 1 colher (sobremesa) de amido de milho
- 1 colher (chá) de sal
- 1 cebola pequena ralada
- 1 colher (sopa) de manteiga
- ½ litro de creme de leite fresco

MODO DE PREPARO

Bater o leite, a salsa, o amido de milho e o sal no liquidificador. Refogar a cebola na manteiga e adicionar à mistura do liquidificador. Levar ao fogo baixo, mexendo devagar até engrossar. Desligar o fogo, acrescentar o creme de leite fresco, mexer bem e servir.

Molho rosado "As rosas não falam"

INGREDIENTES

1 cebola pequena picada
1 colher (café) de orégano
1 colher (sopa) de manteiga
1 xícara (chá) de leite
1 beterraba média cozida
1 colher (chá) de sal
1 colher (sobremesa) de amido de milho
½ litro de creme de leite fresco
1 colher (sopa) de queijo parmesão ralado

MODO DE PREPARO

Refogar a cebola e o orégano na manteiga e reservar. Bater no liquidificador o leite, a beterraba, o sal, o amido de milho e a cebola refogada. Numa panela juntar o creme de leite e o queijo parmesão com o creme que foi feito no liquidificador. Deixar ferver em fogo baixo até engrossar. Servir em seguida.

Molho aos três queijos "Os mosqueteiros"

INGREDIENTES

   2 colheres (sopa) de manteiga
   ½ litro de creme de leite fresco
   1 copo de requeijão
   50 g de queijo parmesão ralado
   100 g de queijo provolone ralado
   1 xícara (chá) de leite
   1 colher (chá) de sal

MODO DE PREPARO

Levar ao fogo a manteiga para derreter e juntar todos os outros ingredientes, mexendo bem devagar em fogo baixo. Assim que os queijos estiverem bem dissolvidos, desligar o fogo e servir.

Molho de manjericão "Esse seu olhar"

INGREDIENTES

- 3 dentes de alho fatiados
- 4 colheres (sopa) de óleo
- 2 xícaras (chá) de manjericão picado
- 1 colher (chá) de sal

MODO DE PREPARO

Refogar o alho no óleo até dourar. Adicionar o manjericão e o sal, mexer rapidamente e desligar o fogo.

molhos para saladas

Molho básico "Está lá"

INGREDIENTES
- ½ xícara (chá) de azeite de oliva
- 1 colher (sobremesa) de sal
- suco de 1 limão
- 3 colheres (sopa) de água

MODO DE PREPARO
Misturar muito bem todos os ingredientes e servir numa molheira.

Molho de tahine *"Aquarela"*

INGREDIENTES
- 1 colher (sopa) de *tahine*
- suco de 1 limão
- 1 xícara (chá) de água
- 1 colher (chá) de sal
- 1 dente de alho amassado

MODO DE PREPARO

Dissolver bem o *tahine*. Em seguida, misturar todos os outros ingredientes muito bem.

Dica: Este molho também pode ser feito no liquidificador. Apenas tomar o cuidado para não acionar o aparelho rapidamente.

Molho misto "Cuore"

INGREDIENTES

1 xícara (chá) de azeite de oliva
suco de 2 limões
2 tomates sem pele e sem sementes picadinhos
1 xícara (chá) de salsa bem picada
½ xícara (chá) de cebolinha verde bem picada
1 cebola pequena bem picada
1 colher (chá) de sal
½ xícara (chá) de água

MODO DE PREPARO

Misturar muito bem todos os ingredientes e servir.

Molho a base de shoyu *"Lua, Lua"*

INGREDIENTES

1 xícara (café) de *shoyu*
2 colheres (sopa) de azeite de oliva
suco de ½ limão
1 xícara (chá) de água
1 colher (sobremesa) de gengibre ralado
1 colher (café) de mel

MODO DE PREPARO

Misturar muito bem todos os ingredientes e servir.

Molho de iogurte "Avisa lá"

INGREDIENTES

   1 copo de iogurte
   1 colher (sopa) de azeite de oliva
   1 dente de alho amassado
   1 colher (chá) de sal
   suco de 1 limão

MODO DE PREPARO

Misturar todos os ingredientes muito bem e servir.

Molho à francesa "Já, já"

INGREDIENTES

- 1 xícara (chá) de azeite de oliva
- 2 colheres (sopa) de vinagre de maçã
- 1 colher (sobremesa) de sal
- 1 colher (chá) de açúcar

MODO DE PREPARO

Misturar muito bem todos os ingredientes e servir.

doces naturais

Doce de abóbora "Tá bão"

INGREDIENTES

2 kg de abóbora descascada e cortada em pedaços
3 xícaras (chá) de açúcar mascavo
1 xícara (chá) de açúcar branco
1 colher (sopa) de cravo-da-índia
1 colher (sopa) de canela em pau
1 colher (sopa) de suco de limão
1 colher (chá) de manteiga

MODO DE PREPARO

Misturar todos os ingredientes numa panela. Levar ao fogo baixo e deixar ferver. Mexer de vez em quando. Manter o doce no fogo até se ver o fundo da panela.

Doce de banana "Mamãe, eu quero"

INGREDIENTES

- 1 xícara (chá) de açúcar mascavo
- ½ xícara (chá) de água
- ½ dúzia de bananas-nanicas
- 1 colher (café) de canela em pó

MODO DE PREPARO

Derreter o açúcar mascavo. Despejar sobre ele a água e deixar ferver em fogo baixo até o açúcar dissolver, formando uma calda. Adicionar então a banana-nanica e a canela, mantendo em fogo baixo por 5 minutos. Servir morno ou frio.

Geleia de maçã "Tentação"

INGREDIENTES

- 6 maçãs sem casca
- 4 xícaras (chá) de açúcar
- 1 colher (sopa) de suco de limão
- 1 colher (sopa) de canela em pau
- ½ colher (café) de sal

MODO DE PREPARO

Cortar as maçãs em pedaços pequenos, colocar o açúcar e levar ao fogo baixo. Adicionar o limão, a canela e o sal, e misturar bem. Manter o fogo baixo e mexer com frequência até o final. Desligar o fogo quando começar a aparecer o fundo da panela.

Dicas: Essa receita pode ser usada para outros tipos de frutas, como goiaba, pêra, morango, etc.
Aproveitar as cascas de maçã para fazer chá.

Pudim de cacau "Me leva"

INGREDIENTES

1 ½ xícara (chá) de leite condensado
1 ½ xícara (chá) de leite
1 xícara (chá) rasa de cacau em pó
1 colher (sopa) de manteiga
1 colher (sopa) de farinha de trigo integral
4 ovos

MODO DE PREPARO

Bater no liquidificador todos os ingredientes, com exceção das claras. Num outro recipiente bater as claras em neve. Misturá-las ao creme batido no liquidificador, mexendo suavemente. Despejar a massa numa fôrma para pudim untada e assar em banho-maria, em fogo baixo, por mais ou menos 1 hora. Retirar do forno e deixar esfriar. Servir gelado.

Manjar branco "Ai, ai, ai!"

INGREDIENTES DO MANJAR

- 3 colheres (sopa) de amido de milho
- 1 litro de leite
- 1 ½ xícara (chá) de leite condensado
- 1 lata de creme de leite
- 1 xícara (chá) de leite de coco
- 1 xícara (chá) de coco ralado

INGREDIENTES DA CALDA

- 1 xícara (chá) de açúcar mascavo
- 3 xícaras (chá) de água
- 3 xícaras (chá) de ameixas-pretas
- 1 colher (café) de essência de baunilha

MODO DE PREPARO

Dissolver o amido de milho num pouco de leite. Juntar essa mistura aos outros ingredientes do manjar. Levar ao fogo baixo, mexendo até começar a engrossar. Assim que levantar fervura, desligar. Deixar esfriar e levar à geladeira. Preparar a calda derretendo o açúcar mascavo. Em seguida adicionar a água, as ameixas-pretas e a essência de baunilha, e deixar ferver por 5 minutos em fogo baixo. Deixar esfriar e despejar sobre o manjar. Servir gelado.

Pudim de pão "Apressadinho"

INGREDIENTES

1 prato fundo de pão integral em pedaços
2 xícaras (chá) de leite morno
1 ½ xícara (chá) de leite condensado
1 colher (sopa) rasa de manteiga
3 ovos inteiros
1 colher (chá) de cravo-da-índia
1 colher (café) de essência de baunilha
1 colher (café) de canela em pó
1 colher (sopa) de queijo parmesão ralado

MODO DE PREPARO

Bater todos os ingredientes no liquidificador. Despejar a massa numa fôrma untada e polvilhada com farinha de trigo. Levar ao forno médio por mais ou menos 25 minutos. Deixar esfriar e servir.

Creme gelado de mamão "Até amanhã"

INGREDIENTES DO CREME

- 1 prato fundo de mamão em pedaços
- 1 ½ xícara (chá) de leite condensado
- 1 ½ xícara (chá) de creme de leite

INGREDIENTES DA CALDA

- 1 xícara (chá) de açúcar mascavo
- 1 ½ xícara (chá) de água
- 1 colher (café) de essência de baunilha
- 3 xícaras (chá) de ameixas-pretas sem caroço

MODO DE PREPARO

Bater todos os ingredientes do creme no liquidificador. Despejar esse creme numa fôrma de vidro e levá-lo ao congelador por no mínimo 3 horas. Num outro recipiente derreter o açúcar mascavo em fogo baixo. Adicionar a água, a baunilha e as ameixas-pretas e deixar ferver por 10 minutos. Deixar esfriar e despejar a calda sobre o creme de mamão já endurecido. Servir gelado.

sucos naturais

Suco de beterraba com maracujá
"A mamãe chegou"

INGREDIENTES
- 2 beterrabas
- 1 maracujá
- 4 colheres (sopa) de açúcar mascavo
- 1 litro de água

MODO DE PREPARO

Bater no liquidificador a beterraba, a polpa do maracujá e o açúcar mascavo, por mais ou menos 2 minutos. Servir gelado ou bem fresquinho.

Suco de alfafa com maçã "Sole mio"

INGREDIENTES

- 3 xícaras (chá) de alfafa
- 3 maçãs (com ou sem casca)
- 3 colheres (sopa) de açúcar mascavo
- 1 litro de água

MODO DE PREPARO

Bater todos os ingredientes no liquidificador e servir gelado.

Suco de abacaxi com hortelã
"Eram os deuses astronautas?"

INGREDIENTES

- 1 abacaxi
- 1 xícara (chá) de folhas de hortelã
- 3 colheres (sopa) de açúcar mascavo
- 1 cravo-da-índia
- 1 litro de água

MODO DE PREPARO

Bater todos os ingredientes no liquidificador por um minuto. Servir gelado ou bem fresquinho.

Suco de melancia "Bom dia, madame"

INGREDIENTES

6 fatias grandes de polpa de melancia
2 xícaras (chá) de água
açúcar a gosto

MODO DE PREPARO

Bater todos os ingredientes no liquidificador e servir gelado ou bem fresquinho.

sugestões de cardápio

CARDÁPIO 1

Segunda-feira

CAFÉ DA MANHÃ
    Iogurte com granola, mel e banana
    Pão integral com requeijão e geleia de maçã
    Chá de ervas

ALMOÇO
    Arroz integral
    Abóbora japonesa com coentro "Ninguém é de ninguém"
    Salada de alface com cenoura ralada com molho básico "Está lá"

SOBREMESA
    Doce de banana "Mamãe, eu quero"

JANTAR
    Sanduíche natural "O felizardo"
    Chá de hortelã

Terça-feira

CAFÉ DA MANHÃ
 Pão integral
 Queijo minas fresco
 Geleia de morango
 Frutas
 Chá de erva-doce

ALMOÇO
 Talharim integral com tomate e manjericão "Nada além"
 Torta de legumes "Cervantes"
 Salada de folhas com molho misto "*Cuore*"

SOBREMESA
 Torta de ricota "Os dez mandamentos"

JANTAR
 Sopa de fubá "Luar do sertão"
 Torradas com requeijão e geleia de morango
 Chá de maçã

Quarta-feira

CAFÉ DA MANHÃ
    Suco de abacaxi com hortelã "Eram os deuses astronautas?"
    Pão integral com queijo minas fresco e geleia de pêra
    Fatia de bolo

ALMOÇO
    Arroz integral "Indira"
    Creme de ervilhas "Quem é você?"
    Salada de agrião com molho à base de *shoyu* "Lua, Lua"

SOBREMESA
    Doce de abóbora "Tá bão"

JANTAR
    Sopa de beterraba "Casablanca"
    Pão integral com manteiga
    Chá de sálvia

Quinta-feira

CAFÉ DA MANHÃ
 Salada de frutas com mel e granola
 Pão integral com geleia de maçã "Tentação" e queijo minas fresco
 Chá de maçã

ALMOÇO
 Arroz integral "Penso, logo existo"
 Lentilha com couve-de-bruxelas "Harmonia"
 Quiabos acebolados "Meu bem, meu mal"
 Salada de beterraba com laranja "Bate, bate coração"

SOBREMESA
 Manjar branco "Ai, ai, ai!"

JANTAR
 Sopa de legumes "Por debaixo do pano"
 Esfihas de milho "Chililique"
 Chá de hortelã

Sexta-feira

CAFÉ DA MANHÃ
- Melão com mel e granola
- Mingau de aveia
- Torradas com requeijão e geleia de morango
- Chá de maçã

ALMOÇO
- Arroz integral "Penso, logo existo"
- Feijoada natural "Sonhar contigo"
- Jiló com salsa "Comigo ninguém pode"
- Mandioca frita
- Salada de escarola fatiada com molho de *tahine* "Aquarela"

SOBREMESA
- Laranja

JANTAR
- Sanduíche natural "O místico"
- Chá de sálvia

CARDÁPIO 2

Segunda-feira

CAFÉ DA MANHÃ
    Suco de frutas
    Torradas com manteiga, geleia e queijo minas fresco

ALMOÇO
    Grão-de-bico "Marrakech"
    Arroz integral "Penso, logo existo"
    Chuchu com açafrão "Mortícia"
    Salada de rúcula com molho à base de *shoyu* "Lua, Lua"

SOBREMESA
    Pudim de pão "Apressadinho"

JANTAR
    Sopa de mandioquinha (mesma receita da *Sopa de legumes*, página 71)
    Torradas com requeijão e geleia
    Bolo integral de cenoura "Anos dourados"

Terça-feira

CAFÉ DA MANHÃ
  Mamão com banana, mel e granola
  Torradas com geleia, manteiga e queijo minas fresco
  Chá de erva-doce

ALMOÇO
  Lasanha integral com creme de cenoura "Andrea Chaniér"
  Salada de legumes com molho de iogurte "Avisa lá"

SOBREMESA
  Pudim de cacau "Me leva"

JANTAR
  Sopa de aveia "Alpina"
  Pão de ervas "Carinhoso"
  Chá de erva-cidreira

Quarta-feira

CAFÉ DA MANHÃ
   Melancia
   Mingau de aveia
   Torradas com manteiga e geleia de pêra
   Chá de maçã

ALMOÇO
   Feijão-branco ensopado "Tirolesa"
   Torta de queijo "Mila Rey"
   Salada de agrião com molho de iogurte "Avisa lá"

SOBREMESA
   Doce de banana-nanica "Mamãe, eu quero"

JANTAR
   Panquecas recheadas com ricota "Zélia e Alfredo"
   Salada de alface com molho à francesa "Já, já"
   Chá de sálvia

Quinta-feira

CAFÉ DA MANHÃ
    Iogurte batido com frutas e mel
    Pão integral com requeijão, queijo minas fresco e geleia de pera
    Chá de maçã

ALMOÇO
    Batatas gratinadas "Pedro"
    Salada de alface americana com cenoura ralada com molho de *tahine* "Aquarela"
    Arroz integral "Penso, logo existo"

SOBREMESA
    Creme gelado de mamão "Até amanhã"

JANTAR
    Caldo verde "Ai, Mouraria"
    Pão integral, requeijão e geleia de pera
    Doce de abóbora "Tá bão" com queijo minas fresco

Sexta-feira

CAFÉ DA MANHÃ
   Banana com mel e aveia
   Pão integral com requeijão e geleia de goiaba
   Chá de jasmim

ALMOÇO
   Arroz integral "Arco-íris"
   Abobrinhas recheadas com PVT "Jhúlia"
   Salada de erva-doce, palmito, rúcula e tomate-caqui

SOBREMESA
   Frutas e mel

JANTAR
   Sopa de legumes "Por debaixo do pano"
   Pizzinhas de zátar "Mas que nada"
   Geleia de goiaba com queijo minas fresco
   Chá de hortelã

Índice de receitas

Abóbora japonesa com coentro "Ninguém é de ninguém", 31
Abóbora japonesa gratinada "Eu vou pra maracangalha", 38
Abobrinhas recheadas com PVT (proteína vegetal texturizada) "Jhúlia", 35
Arroz integral "Arco-íris", 21
Arroz integral "Indira", 20
Arroz integral "Penso, logo existo", 19
Bardanas "Ô ô cupido", 28
Batatas gratinadas "Pedro", 39
Bolinhos de arroz integral "Desafinado", 22
Bolo de cará "Nem às paredes confesso", 40
Bolo integral de cacau "Zumbi maluco", 82
Bolo integral de cenoura "Anos dourados", 83
Bolo integral de maçã "Cintura fina", 81
Caldo verde "Ai, Mouraria", 68
Chuchu com açafrão "Mortícia", 25
Creme de ervilha "Quem é você?", 94
Creme de mandioquinha "Procurando tu", 95
Creme de milho "Fricote", 93
Creme gelado de mamão "Até amanhã", 135
Doce de abóbora "Tá bão", 129
Doce de banana "Mamãe, eu quero", 130
Esfirras de milho "Chililique", 79
Espaguete integral no requeijão "Rafael", 56
Feijão *azuki* "Tropical", 46
Feijão-branco ensopado "Tirolesa", 49
Feijoada natural "Sonhar contigo", 48
Geleia de maçã "Tentação", 131
Grão-de-bico "Marrakech", 45

Guisado de inhame "Mãe África", 27
Jiló com salsa "Comigo ninguém pode", 29
Lasanha integral com creme de cenoura "Andrea Chaniér", 53
Lentilha com couve-de-bruxelas "Harmonia", 47
Macarrão integral com mostarda ao alho e óleo "Volto já", 55
Manjar branco "Ai, ai, ai!", 133
Molho a base de *shoyu* "Lua, Lua", 124
Molho à francesa "Já, já", 126
Molho aos três queijos "Os mosqueteiros", 117
Molho básico "Está lá", 121
Molho branco "Tempo, tempo", 114
Molho de iogurte "Avisa lá", 125
Molho de manjericão "Esse seu olhar", 118
Molho de *tahine* "Aquarela", 122
Molho de tomate natural "Primata", 113
Molho misto "*Cuore*", 123
Molho rosado "As rosas não falam", 116
Molho verde "O Rei Leão", 115
Panquecas recheadas com ricota "Zélia e Alfredo", 36
Pão de ervas "Carinhoso", 76
Pão integral (receita básica) "Luiza", 75
Pizzinhas de zátar (tempero árabe) "Mas que nada", 78
Pudim de cacau "Me leva", 132
Pudim de pão "Apressadinho", 134
Quiabos acebolados "Meu bem, meu mal", 26
Salada de alfafa "D'Artagnan", 61
Salada de beterraba com laranja "Bate, bate coração", 62
Salada de grãos de trigo "Um violeiro toca", 63
Salada de soja com molho verde "O que será, será", 64
Sanduíche natural "O assanhado", 89
Sanduíche natural "O exagerado", 87
Sanduíche natural "O felizardo", 88
Sanduíche natural "O invocado", 87

Sanduíche natural "O místico", 89

Sanduíche natural "O poderoso", 88

Sopa de aveia "Alpina", 67

Sopa de beterraba "Casablanca", 70

Sopa de fubá "Luar do sertão", 69

Sopa de legumes "Por debaixo do pano", 71

Suco de abacaxi com hortelã "Eram os deuses astronautas?", 141

Suco de alfafa com maçã "Sole mio", 140

Suco de beterraba com maracujá "A mamãe chegou", 139

Suco de melancia "Bom dia, madame", 142

Suflê de abobrinhas "Os noivos", 42

Talharim integral com tomate e manjericão "Nada além", 57

Tofu "Waves", 30

Torta de ameixas-pretas "Cleópatra", 107

Torta de banana "Orangotanga", 108

Torta de bardana com cenoura "Pétala", 103

Torta de legumes "Cervantes", 100

Torta de queijo "Mila Rey", 99

Torta de ricota "Os dez mandamentos", 109

Torta de trigo com batatas "Eclipse oculto", 102

Vagem na manteiga "Se acaso você chegasse", 32